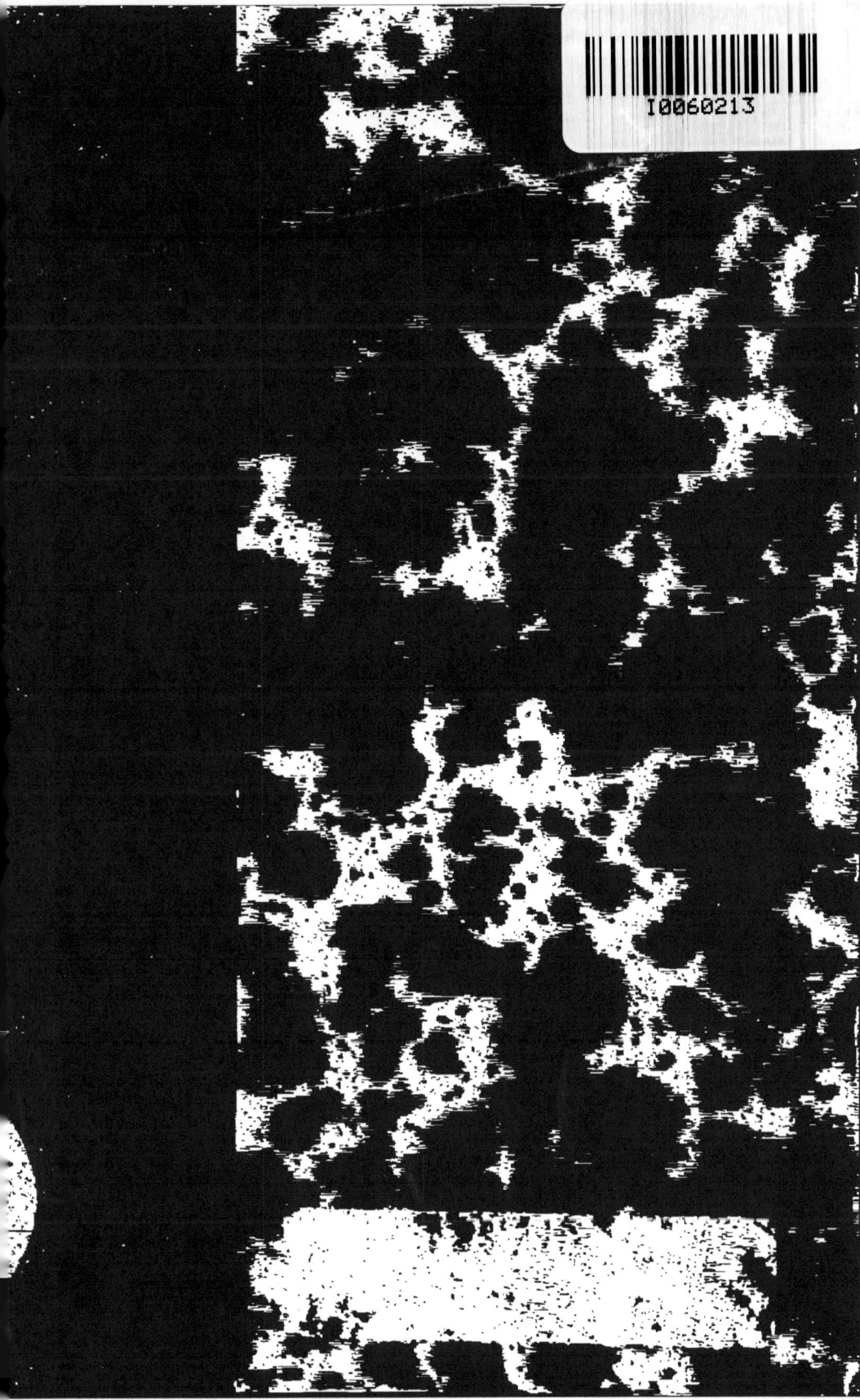

R. L. 3

239.

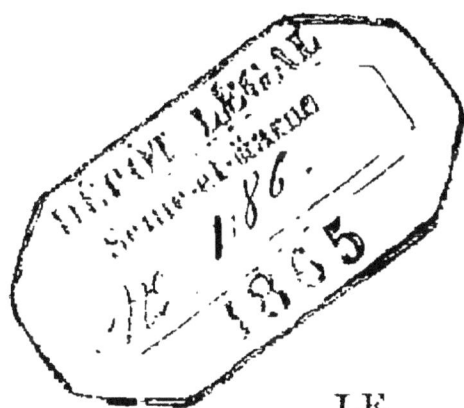

LE

DROIT DES FEMMES

AU LUXE ET A LA TOILETTE

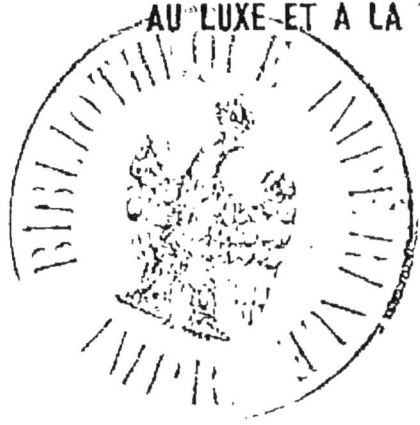

Coulommiers. — Typ. MOUSSIN et UNSINGER.

LE
DROIT DES FEMMES

AU LUXE ET A LA TOILETTE

Que celui d'entre vous qui
n'a jamais aimé leur jette
la première pierre.

—o§o—

PARIS

LIBRAIRIE DU PETIT JOURNAL

21, BOULEVARD MONTMARTRE, 21

1865

L'auteur de ce petit livre, soit qu'il porte des jupons, soit qu'il ait de longues moustaches, tient à protester de la pureté de ses intentions. Il ne se pose nullement en défenseur d'une cause gagnée depuis longtemps; les femmes n'ont jamais eu besoin d'être défendues. Elles règnent de droit divin, et à quelque degré de l'échelle sociale que le ciel les ait placées, elles ont affirmé et prouvé leur suprématie d'une manière irrécusable. Elles représentent dans la vie le côté de l'idéal, de l'amour et de la bonté.

C'est par elles et pour elles que l'homme s'élève au-dessus des liens grossiers qui l'attachent à la terre. L'amour, qui est le magnétisme volontaire ou involontaire de la beauté, s'empare de son âme et la transfigure. Le génie, sous les effluves de cette élec-

tricité divine, sent germer et se
déployer ses ailes ; la force de-
vient intelligente et féconde ; et
le cœur de la femme est l'éternel
foyer où l'homme puise ses plus
nobles aspirations et ses plus
brûlantes ivresses.

Il y a dans ces idées générales
quelque chose de si absolument
vrai, qu'on ne comprend pas
qu'elles puissent être discutées.

Quand elles se trouvent en op-
position avec une parole influen-
te, il y a tout lieu de croire à

quelque malentendu, et c'est sans doute le cas de la situation actuelle.

Avant de développer toute notre pensée, nous allons donner *in extenso* le discours de Monsieur le Procureur général Dupin, prononcé à la séance du Sénat du 22 juin 1865.

DISCOURS

DE

M. LE PROCUREUR GÉNÉRAL DUPIN

SÉNATEUR

Sur le luxe effréné des femmes.

« Messieurs les Sénateurs,

« Le Sénat romain avait aussi ses comités secrets. Chacun se rappelle l'émoi que causa parmi les dames romaines certain comité secret sur lequel on interrogea Caton. Il ne se tira d'embarras qu'en leur disant : « Le Sénat a délibéré sur la question de savoir si les maris auraient plusieurs femmes, ou les femmes plusieurs maris. » C'était une plaisanterie qui n'eût aucune conséquence dans la cité.

« Je ne crois pas qu'on s'émeuve beaucoup du secret ordonné sur la question de prostitution. Cependant chacun se dira peut-être que si le Sénat, qui est déjà privé de tribunes publiques, a ordonné un comité secret en matière de prostitution, c'est sans doute qu'il s'est produit des faits bien extraordinaires. Est-ce une société de prostitution dont on n'aurait pas

voulu divulguer les adhérents,
parce qu'il y avait des personna-
ges trop illustres qui s'y trou-
vaient impliqués? Est-ce donc
qu'on aurait révélé là ce qui n'est
pas connu du public? On pourra
se faire cette question... Voilà le
danger des comités secrets.

« Au fond je répéterai avec M.
de Boissy : « Ce qu'a dit M. le
rapporteur, non-seulement n'of-
fre aucun danger au dehors, mais
aurait présenté des avantages. »
Il n'y a pas un prédicateur qui
n'en dise autant, en termes moins
étudiés, moins érudits, mais plus

vifs et plus poignants, en s'adres-
sant à un auditoire, dans lequel
il cherche quelquefois plus ou
moins à désigner ceux qui ont
motivé les emportements, les
saintes colères de la chaire.

« C'est la publicité même qui
fait alors le châtiment, l'exhorta-
tion ou l'exemple.

« La religion, la morale, tout le
monde condamne la prostitution,
il n'y a qu'une voix là-dessus.
Mais l'État, quand il faut agir,
ne peut s'attaquer qu'aux faits
saisissables, aux faits publics, à
ceux qui donnent matière à la

répression ; c'est ce qu'il a fait.
— Il y a quarante ou cinquante
ans, tous ceux qui par leur âge
peuvent se reporter à ce souvenir, se rappelleront que la prostitution se promenait ouvertement
dans les rues de Paris ; le Palais-
Royal n'était pas tenable, c'était
une exhibition continuelle ; les
femmes honnêtes n'osaient même
pas le traverser. Tout cela a dis-
paru, la prostitution est rentrée
dans les maisons. Voulez-vous
qu'on y recherche les prostituées,
et qu'on les pourchasse jusque-
là ?... c'est plus difficile ; et je ne

dirai qu'un mot à ce sujet; c'est
que, même dans les pays d'inquisi-
sition, où l'on entre partout, la
prostitution est peut-être pire
que dans ceux où il y a une tolé-
rance dont saint Louis, législa-
teur, s'était cru obligé de donner
l'exemple.

« Maintenant, qu'y a-t-il au fond
de cette pétition? L'opinion que
nos lois sont insuffisantes, qu'ap-
paremment les tribunaux sont
négligents, ou que la police ne
fait pas son devoir. Mais au mal
de la prostitution ce serait ajou-
ter d'autres maux également con-

sidérables. Déjà les lois ont dé-
fini tout ce qui pouvait se définir
en pareille matière; les tribunaux,
dans leur interprétation, ont toujours marqué une grande disposi-
tion à étendre plutôt qu'à res-
treindre le sens des lois, afin
d'atteindre le plus possible les
cas qui rentraient dans les ou-
trages à la morale publique et qui
pouvaient prendre le caractère
de délit.

« La police, je le pense, fait son
devoir, et elle a fort à faire de
haut en bas, car on parle des
basses classes, mais on ne parle

pas assez des hautes, qui sont plus difficiles à atteindre et qui ne sont pas cependant les plus difficiles à apercevoir.

« On parle de courtisanes qui s'étalent dans les lieux publics. Oui, telle sera dans un équipage brillant, capable d'attirer les regards. Que fait la grande société? Elle regarde, elle prend modèle et ce sont ces demoiselles qui donnent les modes, même aux dames du monde ; ce sont elles qu'on copie, voilà l'exemple que donne la haute société.

« *Plusieurs sénateurs*. C'est vrai ! c'est vrai !

« M. LE PROCUREUR GÉNÉRAL DUPIN. On vous a signalé quelques photographies plus ou moins bien faites, à cinq sous l'exemplaire. Allez dans vos théâtres : il y a telle pièce qui n'est qu'une exhibition vivante d'un bout à l'autre, offrant les types de deux cents photographies qui surpassent toutes celles dont vous vous plaignez.

« Une autre cause de prostitution, — et ici je m'adresse encore plus aux hautes qu'aux basses

classes, — parce que l'exemple descend de haut en bas bien plus qu'il ne remonte de bas en haut.

« N'est-ce pas une cause évidente de prostitution que l'exagération du luxe, que l'excès des toilettes qui jettent tout le monde hors de ses voies ? Les plus grandes situations s'en effrayent, et, à chaque hiver, à chaque saison, la révélation éclate sur des mémoires de modes que les fortunes les plus considérables suffisent à peine à éteindre, et qui tombent quelquefois en atermoiements et en liquidation. Cela descend dans les classes inférieures par imitation, par esprit d'*égalité*. Chacune veut avoir la même toilette que les autres. La Fontaine, dans une de ses fables, se moque de la grenouille qui veut se faire aussi grosse qu'un bœuf; mais, avec les modes d'aujourd'hui, la grenouille y parviendrait.... Il suffirait à cette pécore d'ajuster autour de sa taille ces dimensions élastiques qui la feraient aussi grosse que le modèle auquel elle veut atteindre.

« Quand on va ou qu'on doit aller à une fête, qu'on veut y faire quelque figure, et qu'on n'a pas de quoi, l'amour-propre l'emporte ; on répugne à le dire au mari, la caisse conjugale est vide ; on s'habille à crédit, on signe des billets, des lettres de change, pour lesquelles on cherche les endosseurs, et dont l'échéance est toujours fatale à la vertu.

« Tel est, messieurs, l'état de notre société ; c'est là ce qu'il faudrait corriger, *quid leges sine moribus vanæ ?...*

« Il s'est formé des sociétés de tempérance ; pour moi, je voudrais qu'il se fît une société de

mères de famille qui, sans cesser
de se mettre et de se présenter
avec décence et même avec le
luxe qui convient à leur fortune
et à leur état, donneraient l'exemple de retrancher impitoyable-
ment le superflu, et viendraient
par là au soulagement des autres
classes qui, de proche en proche
et par imitation, veulent toujours
atteindre un sommet auquel il
ne leur est pas donné de parve-
nir.

« Voilà, messieurs, les seules ob-
servations raisonnables, je crois,
auxquelles la pétition peut donner

lieu. J'appuie l'ordre du jour proposé par M. de Boissy. (*Marques générales d'approbation.*) »

LE
DROIT DES FEMMES
AU LUXE ET A LA TOILETTE

I

L'homme ne vit pas seulement de nécessaire, mais surtout de superflu. Les Romains, encore un peu barbares, disaient à leurs Empereurs : *Panem et Circenses.* — Du pain et du plaisir ! Le monde a tourné depuis cette époque ; nous sommes plus avancés que les Romains , et nous disons aujourd'hui : Du PLAISIR ET DU PAIN !

Il nous a fallu bien du temps pour en arriver là. Des gens, intéressés peut-être, nous avaient persuadé que la terre était une vallée de larmes. Il fallait traverser la vie comme un mauvais rêve, en aspirant à l'heure du réveil, au jour de la délivrance. — Les poètes disaient : La mort est une amie qui rend la liberté. — Et sur ces données funèbres, les

philosophes religieux jetaient l'a-
nathème à tout ce qui charme, à
tout ce qui séduit, à tout ce qui
nous enivre. Le printemps et son
gai soleil, la campagne et ses
horizons, les chansons et les
rires, les truffes et les roses, les
femmes et l'amour, étaient frap-
pés du même ostracisme. C'était
le temps du plain-chant et des
rêveries mystiques; on usait des
genoux les dalles glacées des cloî-
tres; on maigrissait dans les jeû-
nes et les privations ; on marchait
dans des voies de perfection en
s'aidant de la discipline, et l'on

croyait s'améliorer par la douleur et se rendre agréable à la
Divinité.

II

J'avoue qu'à cette époque les femmes auraient eu tort de s'habiller. La feuille de figuier, que la blonde Eve avait mise à la mode, avait subi peu de transformations. Sagement vêtues de serge ou de bure, les grand'mères de nos aïeules se couvraient et ne se paraient pas. C'étaient des ménagères plutôt que des femmes. Assises dans de hauts fauteuils, les pieds sur les chenêts, entre leur rouet et le pot-au-feu, elles prenaient le temps en patience et gouvernaient paisiblement la cuisine où leur vie s'écoulait.

Mais quelques protestations hardies s'élevaient de temps en temps contre cet ordre de choses. La châtelaine venait, aux jours de grande solennité, étaler sur les parvis des églises ses robes armoriées, à damiers d'hermine et de satin ; les Olympias du jour, suivies d'une cour jeune et galante, rivalisaient de luxe avec

les grandes dames, et la foule,
émerveillée, applaudissait aux
coups d'épée que se donnaient de
beaux seigneurs, qui ne se ren-
daient pas bien compte encore
de ce que c'était que la femme.

Quand les choses allaient trop
loin, le roi rendait un édit somptuaire; on proscrivait la soie et
le velours; on notait d'infamie
les ceintures dorées, et la cour
et la ville retombaient dans leur
apathique somnolence.

III

Il y a, dans ces âges de fer qu'on appelle le bon vieux temps, par antithèse sans doute, si nous en jugeons par les pestes, les famines et les guerres qui les désolaient, une ignorance complète du rôle que la femme est appelée à jouer dans la société. La barbarie avait créé une sorte de femelle, d'esclave domestique, qui s'étiolait devant un fourneau, en

nettoyant les enfants et en pré-
parant les repas de la famille.

On trouve encore dans les
campagnes les types amaigris de
ces misérable îlotes, qui passent
comme les ombres du Dante,
pendant que le mâle, par un juste
retour, est condamné aux joies
du cabaret.

Mais il n'est pas besoin d'aller
si loin pour rencontrer des ta-
bleaux qui frappent et serrent
douloureusement le cœur. C'est
dans Paris même qu'on rencontre
des jeunes filles, attelées à des
charrettes pesamment chargées,

qu'elles traînent par des cour-
roies qui leur meurtrissent la
poitrine. Voilà le mal et la plaie
saignante, et ce n'est pas le luxe
qu'il faut accuser.

———

IV

Voici maintenant la légende du Paradis terrestre :

Quand Dieu chassa de l'Eden les deux êtres qu'il avait créés, il dit à Adam : Tu gagneras ton pain à la sueur de ton front.

Et il dit à la femme : Tu enfanteras dans la douleur.

Par ces mots, il lui traçait toute sa destinée de fille, d'épouse et de mère.

3

Mais il ne lui dit pas : Tu travailleras aussi.

En dépit des faiseurs d'utopies et des économistes, la femme-ouvrier est un non sens. La femme ne doit pas travailler. Elle est purement et simplement la compagne et le complément de l'homme. La femme seule n'a pas de raison d'être et, comme Proudhon, je nie qu'elle ait une individualité absolue.

Si j'ai des lectrices, qu'elles ne déchirent pas cette page.

Elles ne me comprennent pas, si elles me gardent un ressentiment quelconque ou si elles discutent seulement ce que j'avance.

Les femmes ont sur la terre le rôle le plus doux et le plus facile à remplir. Elles sont toutes aptes à le jouer en grandes comédiennes.

Qu'elles bornent donc leur ambition à bien dire ce rôle charmant, et elles y gagneront à la fois le bonheur intime et l'applaudissement de la foule.

V

Ce n'est pas dans un petit livre grand comme le doigt qu'on peut discuter longuement des questions sérieuses, et j'avouerai d'ailleurs que j'en ai une peur effroyable. Mais j'ai lu quelque part que la condition des femmes était d'autant plus cruelle qu'elles habitaient des pays moins civilisés. Les nègres en font de véritables bêtes de somme ; les Orientaux les réduisent à l'état de machines ; l'Europe en fait des travailleuses.

Ah ! lorsque quelques-unes, ayant le pouvoir et l'intelligence de se transformer, dépouillent la chrysalide dont on veut les revêtir, et secouent à nos yeux leurs ailes brillantes, — applaudissons à la métamorphose et ne soyons pas trop sévères, si leur vol s'élève un peu haut.

VI

Dans le fond, que nous reproche-t-on, je vous prie? Des falbalas un peu trop amples, des crinolines exagérées, un peu trop de rubans, un peu trop de dentelles? Est-ce un crime impardonnable et pensez-vous que ce soit pour nous que nous nous habillons ainsi?

C'est la mode, sans doute, mais ce n'est pas le seul motif qui nous

pousse à ces élégances et à ces
parures. *Il faut plaire;* et ce seul
mot est la condamnation du sexe
fort.

Ah! si l'on trouvait des hommes complètement fidèles, si la
douceur, la chasteté, l'affection
conjugale suffisaient à les enchaî-
ner pour toujours, on pourrait
alors blâmer la coquetterie. Mais
les femmes ont sondé les abîmes
du cœur masculin; la plus naïve
devine ce qu'elle ignore; elle con-
nait la corde sensible d'un époux
et les faiblesses de son amour-
propre. Le mari le plus farouche

veut que sa femme plaise et soit admirée; il cesse d'être désireux d'un bien que personne ne lui envie et ne cherche à lui disputer. Ne plaire qu'à son époux est une faute; pour bien faire, on doit plaire à tous et n'aimer que lui.

Ce dernier point n'est même pas nécessaire; il suffit qu'on soit bonne et qu'on se laisse aimer. Mais nous nous éloignons de la question principale.

VII

Vous parlez de notre luxe effréné. Mais, s'il vous plaît, pour qui fabriquez-vous vos guipures, vos blondes et vos soieries? Pour qui s'inventent ces mille colifichets, ces boucles, ces bijoux, ces passementeries, dont on se passerait à la rigueur, mais qui sont aux toilettes ce que les épices sont aux ragoûts. Je ne suppose pas qu'on en veuille décorer les habits noirs et les redingottes.

Vous répondez à cela que ce sont nos goûts inconstants qui poussent l'industrie à ces découvertes; c'est là une objection aussi difficile à résoudre que celle de l'œuf et de la poule.

Dans tous les cas, vous avouerez que nos caprices ont un résultat bienfaisant, et que des milliers d'ouvriers gagnent leur vie à les satisfaire. Qu'un nouvel édit somptuaire soit promulgué demain, et la moitié des fabricants de France fermeront leurs ateliers. Ne crions donc pas trop

contre le luxe, qui met en circu-
lation des capitaux immenses, et
qui rend à la Province une partie des richesses que l'impôt fait
ruisseler incessamment vers Paris.

VIII

Le luxe, dites-vous, n'est pas
blâmable en lui-même, quand il
est contenu dans des limites raisonnables, et qu'il n'entraîne pas
à des dépenses en désaccord avec
les revenus d'une maison.

Cette observation est fort bonne,
mais la pente est si glissante, qu'il
faut raisonner à cet égard avec une
grande réserve. Où s'arrête la
raison ? Où commence la folie ? Il

faut être sage, sans doute, mais il ne faut pas être ridicule. Peut-on sortir avec une robe fanée, que tout le monde a vue vingt fois? N'est-ce pas compromettre la considération et le crédit d'un mari? Et peut-on sérieusement se passer d'une étoffe nouvelle, quand la voisine, qui demeure à l'étage au-dessus, en balaie les escaliers depuis plus d'une quinzaine?

C'est si joli, une robe fraîche, toute pimpante et sortant des mains de la couturière ou du tailleur en renom! On est presque une étrangère dans une étoffe incon-

nue ; on se salue dans la glace ;
on a des airs de tête et des allures qu'on ne se connaissait pas.

Le mari gronde un peu, mais il
vous trouve embellie ; on le voit
dans ses yeux. Il ne sortira pas
ce soir ; vous avez gagné contre
ce vilain cercle, où il perd tout
son argent, et qui est la ruine de
la maison. Donc, la robe est une
économie.

IX

Pourquoi ne pas dire tout d'abord où le bât vous blesse? Ce n'est pas à la dépense que vous faites un procès; non, c'est au modèle auquel ces dames s'efforcent de ressembler. Soyons parlementaires et disons « ces demoiselles. » Elles ressemblent donc à « ces demoiselles, » — voilà le grand mot lâché.

Et d'abord, — car on ne me

fait pas croire tout ce qu'on veut,
— sont-ce ces dames qui ressemblent à ces demoiselles, ou ces
demoiselles qui ressemblent à ces
dames ?

Quel est le tailleur le plus
prompt, la couturière la plus
agile ? Question délicate à vider.

Les deux parties se fournissent
dans de bons endroits, et c'est
un steeple-chase où le vainqueur
est difficile à désigner.

Entendons - nous   d'ailleurs ;
cette ressemblance, je le suppose,
est purement « physique ? » —
Oui, sans doute. — De quoi vous

plaignez-vous, alors ? Ces demoi-
moiselles ne sont pas si laides que
vous semblez le croire, et j'en
connais même de singulièrement
jolies. — Mais les manières ? —
Vous les calomniez, je vous as-
sure. Elles n'ont pas toutes été
élevées à Saint-Denis, mais j'en
sais de très-convenables et qui
se tiennent bien dans les avant-
scènes. — Mais les allures ? —
Balzac affirme que les duchesses
et les filles ont à cet égard mille
points de contact. Au reste, une
femme intelligente saura toujours
modérer cet esprit d'imitation.

4

Quoiqu'on en dise, tout n'est pas mauvais goût chez les petites dames, et quelques-unes donneraient çà et là — à condition que cela ne durât pas longtemps — des leçons de grâce à la bourgeoisie et à la noblesse.

Laissez-moi croire que les grandes dames auront eu souvenir des vers de Molière :

Quand sur une personne on veut se modeler,
C'est par les beaux côtés qu'il lui faut ressem-
[bler.

X

Je viens de faire une bêtise. J'ai parlé de « ces demoiselles » avec une indulgence impardonnable. Or, il est d'usage depuis quelque temps de les traiter de Turc à Maure et de leur montrer dans un avenir prochain le balai municipal ou la hotte du chiffonier. On m'excusera, mais ces injures ne rentraient pas dans mon sujet.

D'ailleurs, je suis quelque peu
étourdi de voir de quelle façon
les hommes entendent la justice.
Il y a cent à parier contre un
que cet esprit d'imitation dérive
d'une admiration intempestive,
manifestée par des messieurs à
l'endroit des petites dames. — On
se sera extasié sur des bottines à
talons rouges, et madame la Du-
chesse, qui a le pied plus petit
que Musette, a voulu voir si les
talons rouges lui siéraient. —
Lénore a poudré d'or ses cheveux
aux dernières courses, et cela a
été si fort remarqué par les

sportmen, qu'on se poudre depuis ce temps-là au faubourg Saint-
Honoré. — Rien ne dégage et ne
pare une jambe comme une botte
à glands de velours ; le Duc, qui
est l'oracle des salons de la rive
gauche, en a dit merveilles, et
l'on porte des bottes au faubourg
Saint-Germain.

Après quoi, l'on fait un procès à sa femme, qui n'a mis de
bottes, de poudre et de talons
rouges, que pour vous montrer
qu'elle était dix fois plus jolie que
mademoiselle Chiffon, qu'elle
avait de plus beaux cheveux, et

notamment la jambe mieux faite.

On est bien obligé de se l'avouer tout bas ; mais comme on ne veut pas avoir tort, on proclame que c'est « un luxe effréné. »

XI

Reste une question ardue et j'avoue que c'est une dent difficile à arracher. Nous en viendrons pourtant à bout avec de la patience.

Les séductions de la toilette aidant, les mémoires des fournisseurs ont grossi ; madame s'est endettée, et sa petite main blanche a griffonné des lettres de change. Voilà l'exposition d'un

vaudeville tout trouvé pour le
Gymnase : *Les Dangers du Crédit.*

L'échéance arrive, — madame
ne paie pas, — ou, si elle paie,
elle fait faillite — à la vertu :
N'est-ce pas le dilemme dont on
embarrasse ma cliente ?

Mais je ne vois dans tout cela
de torts sérieux qu'au mari, si
vous voulez bien le permettre ; —
son premier devoir est de faire à
sa femme une pension suffisante
pour qu'elle puisse s'habiller à sa
guise ; et s'il s'aperçoit que la
pension ne suffit pas, il doit in-
tervenir, payer les billets, — ou

mieux encore, les faire lui-même et la dégager de ses ennuis.

C'est un remède héroïque sans doute, mais je le crois préférable au désagrément intime qui terminerait autrement cette crise financière.

XII

Malgré les sourires dont nous
avons émaillé cette discussion,
nous avons appuyé nos opinions
d'une logique sérieuse et à peu
près irréfutable. C'est très-sin-
cèrement que nous soutenons
les droits de la femme ; elle est
pour nous une créature de luxe,
placée sur la terre pour dispen-
ser des joies surhumaines, pour
aimer et consoler, et comme telle,

elle a droit à tous les priviléges, à toutes les adorations. J'admets que quelquefois l'idole soit fragile; l'encens est-il donc toujours de première qualité? Il y a dans ce monde des compensations infinies.

Les seuls points sur lesquels la question reste suspendue pourraient se résoudre bien facilement. Si la femme est coquette et prodigue, si l'époux est économe ou gêné, le ménage marchera d'écueil en écueil, à moins qu'un tiers ne se mette de la partie. Sans vouloir faire de my-

thologie, je nomme l'amour.
Quand une sympathie réelle uni
deux cœurs sincères, ils n'ont
plus de secrets l'un pour l'autre
et leur intérêt est commun ; sans
priver une femme du luxe auquel
elle a droit, on lui fait prendre
facilement le change, et le plus
grand nombre ne se refuse pas à
recevoir des baisers pour des bijoux.

XIII

Il est un dernier luxe auquel j'ose à peine toucher; cela brûle. C'est le luxe innocent qui consiste à s'habiller le moins possible et à exposer aux yeux des trésors plus précieux que ceux que débitent les joailliers.

Je ne comprends pas bien ce qu'on désire : Est-ce qu'on demande une loi en faveur des robes montantes ? Qui donc signerait le décret ?

Sans doute, il faut de la pudeur. Lycurgue allait trop loin quand il faisait danser dans les carrefours, complètement nues, les belles filles de Lacédémone.

Un spectacle pareil offenserait nos mœurs. Les traditions de l'Opéra ont créé un nu moderne qui suffit à notre époque. Les usages du monde ont échancré les robes de bal, à peu près aussi hardiment par le haut, que les jupes de nos danseuses le sont par le bas.

Que notre civilisation ne soit pas en marche à cet égard, je ne l'affirme pas. Mais il y a lieu, pour le moment, de réclamer le *statu quo*, et d'assurer à nos belles Françaises, — avec le droit de s'habiller, — le droit de se déshabiller.

Coulommiers. — Typ. MOUSSIN et UNSINGER.